Le 33 Leggi del Tennis

Trentatré Concetti per migliorare il Tuo Gioco

di Joseph Correa

Giocatori professionisti di tennis contemporaneo condividono I loro segreti di allenamento in questo libro

COPYRIGHT PAGE

©2016 Finibi Inc

Tutti i diritti riservati.

Questo libro o parti di esso non possono essere riprodotti o utilizzati in alcun modo senza l'espressa autorizzazione scritta dell'editore ad eccezione di brevi citazioni di libri per le recensioni del libro.

Scansione, copia, e la distribuzione di questo libro via Internet o tramite qualsiasi altro mezzo senza l'espressa autorizzazione dell'editore e dell'autore è illegale e punibile dalla legge.

Si prega di acquistare solo edizioni autorizzati di questo libro. Si prega di consultare il proprio medico prima di allenarsi usando questo libro.

INTRODUZIONE

LE 33 LEGGI DEL TENNIS Di Joseph Correa Imparare a padroneggiare il lato mentale del tennis è sempre stata una parte difficile di questo gioco. Alcuni giocatori hanno deciso di non allenarsi mentalmente o semplicemente di ignorarlo, il che è un grosso errore. Si dice che vincere nel tennis per l'80 - 90% è MENTALE! Basta tenere conto che i punti chiave di una partita di tennis come il match point, game point, break point, e set point, sono tutte le situazioni cruciali che possono decidere l'esito di un particolare incontro.

QUINDI PERCHE' LA MAGGIOR PARTE DELLE PERSONE SALTA L'ALLENAMENTO MENTALE?

E' necessario considerare che in media una partita di tennis dura 1 ora e 30 minuti. Rimanere concentrati così a lungo, non è compito facile, ma con i concetti giusti e le idee per arrivare a quel punto le cose diventeranno più facili. Inizia a leggere e metti in pratica i concetti e le idee che ci sono in questo libro in modo da poter ottenere il massimo dal tuo gioco e vincere più spesso.

CENNI SULL'AUTORE

Ciao, il mio nome è Joseph Correa e sono un allenatore ed insegnante di tennis da oltre 15 anni. Ho giocato a tennis professionale per anni e ora sono un allenatore professionista certificato USPTR.

Dopo anni di competizione e di formazione con alcuni dei migliori al mondo ho imparato che la maggior parte delle persone possono arrivare al successo con il giusto allenamento mentale, fisico, emotivo. Tecniche scientifiche collaudate, allenamenti, e passo dopo passo le fasi devono essere eseguite per raggiungere la vetta e per questo motivo ho preparato il primo gruppo di allenamento in DVD e i libri che ti mostrano come raggiungere i tuoi obiettivi. Attraverso i miei strumenti di lavoro e di insegnamento, ho aiutato centinaia di giocatori amatoriali e professionisti del tennis per farli progredire nelle loro performance fisiche e mentali per ottenere grandi risultati.

Io ti insegno tutto quello che è necessario per raggiungere i tuoi obiettivi e spero potrei goderne e condividere queste lezioni ed idee con i propri cari.

CONTENUTI

COPYRIGHT

INTRODUZIONE

CENNI SULL'AUTORE

LE 33 LEGGI DEL TENNIS

Legge #1 "Conosci il tuo avversario"

Legge #2 "La partita finisce, quando finisce"

Legge #3 "Preparati al successo"

Legge #4 "Mantieni una faccia da poker"

Legge #5 "Nascondi le tue debolezze, e sfrutta le loro"

Legge #6 "Colui che riceve l'ultima palla, vince"

Legge #7 "Sii fedele a te stesso"

Legge #8 "Chi colpisce per primo, colpisce due volte"

Legge #9 "Sii un baro per vincere"

Legge #10 "Abbatti il muro"

Legge #11 "Impara da tutte le partite"

Legge #12 "Acquisire conoscenze"

Legge #13 "Conosci le tue regole"

Legge #14 "Costruisci la tua scacchiera"

Legge #15 "Trova lo schema"

Legge #16 "Scacco matto al Re"

Legge #17 "Costruisci una base"

Legge #18 "Non essere banale"

Legge #19 "La mente al di sopra di tutto"

Legge #20 "Regala solo per I compleanni"

Legge #21 "Cuor di leone"

Legge #22 "Scegli la tua arma"

Legge #23 "La perfezione attraverso l'imitazione"

Legge #24 "Il quadrifoglio"

Legge #25 "Umorismo ai coraggiosi"

Legge #26 "Vai dov'è la festa"

Legge #27 "Piccoli passi da gigante"

Legge #28 "Il secondo servizio: puoi eseguirlo bene"

Legge #29 "No marmellata, solo pane e burro"

Legge #30 "Metti le ruote"

Legge #31 "Vedere il futuro"

Legge #32 "Sii il primo e l'ultimo"

Legge #33 "Vedi te stesso"

ALTRI TITOLI DI JOSEPH CORREA

LE 33 LEGGI DEL TENNIS

Legge #1

"Conosci il tuo avversario"

Conoscere contro chi si sta per giocare prima dell'inizio della partita è estremamente importante. Loro hanno probabilmente già fatto il loro dovere e ne sapranno molto di più su di te di quanto tu possa immaginare. Vista la situazione, dovresti andare in giro a chiedere informazioni sul giocatore che si sta per sfidare. È possibile chiedere agli amici, ad avversari del passato, compagni di squadra, chiunque possa dare informazioni riguardanti il vostro avversario. Queste informazioni sono utili prima dell'inizio della partita, dopo di che dovrai probabilmente imparare il resto sul campo. Anche se il tuo avversario non si sta informando su di te, tu fallo comunque su di lui o lei.

Ci sono due ragioni principali per cui è vantaggioso esplorare il tuo avversario: la prima è perché sarai in grado di analizzare i suoi punti di forza e di debolezza. Capito questo, potrai decidere quale strategia funzionerà meglio nel match. Il secondo motivo è perché avrai il tempo per provare mentalmente il match prima ancora di entrare nel campo da tennis. Un'altra parola usata anche per questo tipo di pratica mentale è "visualizzazione". Si possono praticare i tratti e le strategie che desideri utilizzare, nella tua mente senza stancarti fisicamente.

Un'alta prestazione nel tennis si basa molto su questa pratica. Molte persone sognano ad occhi aperti riguardo la loro partita e contro chi stanno andando a giocare e non si rendono conto che stanno visualizzando il loro gioco. La maggior parte di noi lo hanno fatto almeno una volta in un modo o nell'altro. Quando sai come il tuo avversario gioca, ciò che gli piace e non gli piace fare, le sue capacità mentali e fisiche, è possibile ideare un piano di gioco preciso. Per capacità mentali si intende quanto sia forte l'aspetto mentale del loro gioco mentre per capacità fisiche si intendono come sono ben preparati per competere fisicamente. Forse il tuo avversario ti sta informando su di te. Ha un vantaggio e tu non vuoi questo. La cosa migliore che puoi fare prima di una partita è essere preparato. Conosci il tuo avversario.

Legge #2

"La partita finisce, quando finisce"

Le partite spesso diventano gare in cui entrambi i giocatori sono in attesa di vedere chi vincerà. Fortunatamente per te una partita può essere vinta anche se sei sul punto di perdere. Molte persone hanno vinto dopo essere stati in questa situazione di svantaggio 6/0 6/0 0-40. Questo è ciò che rende il tennis così competitivo. Devi essere concentrato fino alla fine della partita.

La fiducia ha un ruolo importante nella competizione, dal momento che un concorrente mentalmente debole può essere i vantaggio in una partita e poi perderla. Altre volte lui o lei può essere in svantaggio nella partita e non fare uno sforzo per tornare indietro o almeno per fare una bella lotta. Molti giocatori hanno imparato a non lasciare che le circostanze del passato influenzino le loro partite future in modo negativo. Un buon concorrente dovrà lottare fino alla fine, perché lui o lei può tornare e vincere la partita, nonostante il punteggio. Altri bravi giocatori sanno di non lasciare che un avversario si rimetta in partita, combattendolo fino alla fine. Concludere una partita in risalita da uno svantaggio è una delle cose più difficili da realizzare in ogni livello di gioco. Assicurati di ricordare a te stesso che "la partita finisce, quando finisce" in modo che si può diventare un concorrente temuto da altri e ricordato per la tua perseveranza.

APPLICAZIONE

Fai pratica giocando 5-0 o 4-0 in ogni set e poi cerca di concludere la partita. Non appena hai finito la tua prima partita alternati con il tuo partner per fare pratica. Dovresti giocare molti set per abituarti a questa mentalità.

Legge #3

"Preparati al successo"

Il successo arriva a coloro che sono pronti ad ottenerlo. Così come nella vita, questa dovrebbe essere la tua mentalità sul campo da tennis. Alcuni giocatori indossano appena alcuni vestiti, protezione solare, prendono alcune palle e la racchetta e si fiondano in campo. Colpiscono un paio di palle e li chiamano "servizi". Molte persone hanno solo pochi minuti per prepararsi ad una sessione di allenamento o di partita e il loro comportamento sembrerebbe abbastanza ragionevole per il breve lasso di tempo a loro disposizione.

Ora, analizziamo un altro approccio alla preparazione. In primo luogo fai una lista delle attrezzature di cui hai bisogno e spunta tutte le cose che farai sul campo. Quando hai quello che ti serve fisicamente preparati mentalmente sul tuo avversario. Cerca infine di ottenere un buon warm up. Questo è solo uno schema generale di un piano di preparazione di base. Ora diamo un'occhiata a uno più specifico. Queste sono tutte le regole di base richieste prima di entrare in campo.

Questi ne sono solo alcuni. È possibile aggiungerne di più se vorrai. Alcune di queste cose potrebbero sembrare sciocche, ma non sai quanto sciocco ti sentirai quando ne avrai bisogno e non ne disporrai. Evita di avere brutti momenti, avendo a disposizione gli strumenti giusti per il lavoro. Non essere troppo orgoglioso per chiedere aiuto a qualcuno, anche al tuo avversario. Siamo stati tutti in quelle situazioni dolorose e sappiamo come ci si sente. La maggior parte di noi sarà lieto di aiutarsi a vicenda.

Ora che hai la tua attrezzatura pronta, cerca di mettere a fuoco il tuo obiettivo. Ad alcune persone piace visualizzarlo, altri si eccitano e si gasano parlando a se stessi, e molti per rilassarsi ascoltano della musica. Ad alcuni piace guardare il tennis in TV o sul campo. Ognuno ha un approccio diverso per essere pronto per una partita. Alcuni esempi di questi ed altri approcci per vedere cosa ci fa ottenere una preparazione mentale migliore. Questa è una parte molto importante nella preparazione per una partita. Non prenderla alla leggera.

Se vuoi giocare a tennis per molti anni, fai un buon riscaldamento prima di ogni allenamento o partita. Non puoi immaginare i benefici che porta il riscaldamento.

Inizia con uno stretching leggero, per rendere i muscoli elastici. Poi corri per alcuni minuti. Puoi saltellare sul posto o attorno a una certa zona, fino a quando non ti sarai riscaldato completamente. Dopo di che, pratica un po' di mini-tennis e calcola gradualmente le distanze dalla rete fino ad arrivare alla zona di difesa in cui è possibile aumentare lentamente la velocità della palla.

Legge #4

"Mantieni una faccia da poker"

La maggior parte delle persone sarebbe d'accordo nel dire che alcuni dei migliori giocatori di poker del mondo sono coloro che riescono a mantenere la stessa faccia sia quando hanno carte buone che cattive. Questo potrebbe sembrare difficile da credere per alcuni, ma è una realtà soprattutto nel tennis. Avete notato come i giocatori più difficili da battere mantengono una faccia seria e mostrano poco le emozioni o i cambiamenti nei loro gesti? Questo può essere frustrante per le persone che amano vedere i loro avversari che si lamentano e gettano le loro racchette quando eseguono male un tiro o quando perdono un punto cruciale. I giocatori con il viso da poker sono concorrenti difficili perché non trasmettono i loro veri sentimenti, mentre sono sul campo. Anche quando si disperano per vincere, preferiscono mostrarsi calmi e concentrati. Non pensare che non abbiano emozioni. Sono solo nascoste, per il momento. Prova questo approccio per diventare un giocatore migliore. Forse farai del tuo meglio mostrando le tue emozioni, e va benissimo, ma per chi vuole provare qualcosa di nuovo, questo è un buon inizio. Si può cambiare il modo di visualizzare il tennis e si inizierà a vedere cose che non hai mai considerato prima, seppur presenti. Possono accadere grandi cose quando ti concentri e ti focalizzi sulla sfida. Quando sei calmo e privo di emozioni, migliorerai notevolmente la tua concentrazione. Mantieni una faccia da poker quando giochi per vedere chi sta bluffando e chi ha davvero quello che serve per vincere.

Legge #5

"Nascondi le tue debolezze, e sfrutta le loro"

Avete mai notato come alcuni giocatori sembrano essere perfetti in campo? Perché nessuno scopre il loro gioco? Forse sono molto bravi a nascondere le cose agli altri. Le cose che non vogliono farti sapere, come una debolezza? Se non si conosce la loro debolezza, come puoi attaccarli? In una partita, un giocatore è in svantaggio quando lei/lui non conosce le debolezze dell'avversario.

Prima dell'inizio della partita, scopri la debolezza del tuo avversario e cerca di cogliere come è possibile sfruttarla. Chiedi ad altri giocatori e amici se conoscono questa persona. Si può anche cercare su internet con il nome del giocatore e vedere quali informazioni utili sono disponibili per te. Se nessuno sa nulla su questa persona, scoprilo da solo nel warm up. Colpisci alcuni suoi diritti, poi un rovescio. Dopo di che, mescola l'altezza e la rotazione della palla. Ti troverai alla fine a notare un qualcosa che fanno meno bene rispetto al resto.

Ad esempio, quando hai un rovescio debole, impara a correre intorno ad esso e colpire un diritto. Un altro esempio potrebbe essere se la tua debolezza è la forma fisica e non vuoi scambi lunghi dalla linea di base. In questo caso è meglio attaccare a rete o mantenere i punti corti. In questo modo il nasconderai le tue debolezze sfruttando le loro.

APPLICAZIONE

Fai un allenamento con il tuo partner attaccando la tua debolezza con la sua arma vincente. In un primo momento ti sentirai a disagio, ma questo ti aiuterà a superare queste situazioni in una partita. Poi, colpisci il tuo partner nel suo punto più debole utilizzando la tua arma (fai semplicemente il contrario). Questo ti darà una migliore comprensione di quanto abile sia la tua arma e quanto hai bisogno di migliorarla. Stai imparando a giocare in difesa e attacco.

Legge #6

"Colui che riceve l'ultima palla, vince"

Ci sono molte filosofie su come si dovrebbe giocare a tennis. La più semplice possibile è "chi riceve l'ultima palla, vince". Quando la palla va in rete o fuori dalle righe, si perde il punto. E quando si tiene la palla, si vince. Questo potrebbe sembrare molto elementare, ma alcune delle cose più difficili da realizzare sono a volte quelle banali.

APPLICAZIONE

Per raggiungere tale legge, bisogna essere costanti. Devi mettere 10 palle costantemente in rete. Quando avrai completato le prime 10, sforzati per 20. Decidi quale sarà il tuo obiettivo e sforzati per raggiungerlo. Ad esempio, il mio obiettivo di questo mese è di ottenere almeno 100 palline oltre il mio compagno. Quando avrò raggiunto l'obiettivo, potrò iniziare a determinare l'area, l'altezza e la rotazione con cui colpire. Questo sarà precisato più nel dettaglio nella Legge #24.

Legge #7

"Sii fedele a te stesso"

Nel chiudere le partite, a tutti noi viene voglia di chiamare una palla fuori quando è vicina alla linea. Hai mai sentito parlare del detto "in caso di dubbio, chiamare fuori"? Questo, naturalmente, non è etico o corretto. Non lasciare che la pressione del momento ti faccia essere un giocatore ingiusto. Se si tratta di un invito a chiudere e non sei sicuro a questo proposito, ripeti il punto. E' la cosa giusta da fare. Eviterai di perdere tempo in inutili discussioni. Sii fedele a te stesso. Chiama la palla così come la vedi. Ti sentirai molto meglio con te stesso e sarai rispettato dagli altri.

APPLICAZIONE

Fai pratica guardando una partita dal vivo e prova a chiamare la palla dentro o fuori nella tua testa, non ad alta voce. In questo modo ti alleni chiamando a distanza ravvicinata più spesso anche quando non stai giocando.

Dopo un po' saprai istintivamente se una palla era dentro o fuori.

Legge #8

"Chi colpisce per primo, colpisce due volte"

Ogni volta che attacchi in un punto sarai al comando e avrai maggiore facilità a concluderlo. In altre parole, quando si inizia ad attaccare si sarà in grado di continuare ad essere offensivi (la maggior parte delle volte). Non aspettare che le cose accadano. Vai là fuori e fai del tuo meglio per essere colui che è responsabile del punto. Impara a essere proattivo e non reattivo. Una persona proattiva agisce in anticipo per affrontare una difficoltà attesa. Una persona reattiva risponde ad uno stimolo. Nel tennis reagire alle cose che accadono sul campo è normale. Quando si impara a essere proattivi, le possibilità di vincita aumentano considerevolmente. Prendi il controllo del punto. Colpisci prima in modo da colpire due volte.

Legge #9

"Sii un baro per vincere"

Molte persone sentono di non avere abbastanza fiducia e coraggio per vincere una partita in situazioni di pressione. Perché allora non diventare un attore sul campo da tennis e giocare il ruolo del giocatore di tennis fiducioso e coraggioso. Sii un baro e vincerai più spesso di quanto pensi. Sceglie il modo in cui desideri essere visto dentro e fuori dal campo. Poi agire come quella persona desideri essere. Ti sentirai un po' a disagio in un primo momento, ma attraverso una certa pratica ci si abitua presto. Alcune persone non capiscono l'importanza che ha l'immagine che si esercita sul campo.

Un esempio di questa tecnica potrebbe essere quando hai appena giocato un primo set molto lungo e sei molto stanco. Il tuo avversario sembra anche stanco, ma decidi di mostrarti in maniera energica e positiva. Fagli credere che potrai mantenere la stessa energia per altri due set. Questo può essere molto demoralizzante per chiunque. Lui ti darà uno sguardo, e capirà di non avere alcuna possibilità (anche se entrambi vi sentite molto stanchi dentro). Il tuo avversario decide che lui / lei non può gestire una seconda serie con qualcuno che non sembra stancarsi e sceglie di rinunciare. Che ne dite di questo! Non sempre accade. Essere falsi sicuramente migliorerà le tue probabilità di vittoria. Tutti gli attori lavorano duramente per perfezionare la loro immagine. Sanno che il loro successo dipende da essa. Forse non vincerai un "Oscar" per la performance, ma potrai vincere molte più partite.

Legge #10

"Abbatti I muri"

Ogni giocatore di tennis ha il suo proprio castello da proteggere. Le sue mura mantengono i nemici lontani. Ma se quelle mura si riducono, non vi è molta speranza per quel castello. Alcuni muri per i giocatori di tennis sono i loro servizi o i loro rovesci. Altri hanno come muro la velocità o la pazienza. Quando abbatti un muro di protezione di un giocatore, si apre una porta verso i suoi colpi più deboli. Impara ad "abbattere i muri" e potrai vincere molte battaglie.

APPLICAZIONE

Fai fare il gioco d'attacco al tuo partner e gioca sulla difensiva. In altre parole, il tuo partner durante l'allenamento ti attaccherà e cercherà di finire il punto mentre a te basta tenere la palla in gioco in attesa che lui / lei perda. Una volta che entrambi avrete imparato, cambiate. Ora sei diventato il giocatore aggressivo e lei /lui diventa il difensore. In questo modo imparerai ad abbattere quei muri in anticipo per indebolire il territorio. Ricorda che stai lavorando per disarmare l'avversario, in modo o in un altro.

Legge #11

"Impara da tutte le partite"

Gli errori sono giustificati quando impari da loro e ti correggi. Non prendere l'abitudine di fare errori spontanei e non imparare da loro. Questo ti farà del male nelle situazioni competitive sul campo. Il modo migliore per visualizzare gli errori spontanei è come un processo di apprendimento che richiederà tempo e dedizione. Tenerli a mente e correggerli sia in allenamento che in partita farà salire il tuo livello di tennis alle stelle. Ogni partita ci dice qualcosa. E' come uno stato di veglia. Dobbiamo aprire gli occhi e vedere quello che abbiamo bisogno di capire. Tanta conoscenza può essere accumulata con l'esperienza. Tieni un registro di tutte le tue esperienze in modo da poter accrescere le conoscenze. Prova ad utilizzare questo esempio di registro per il "dopo partita":

Tabellina del dopo gara

DATA:

AVVERSARIO:

TORNEO:

TUO VOTO 1-10:
(10 E' LA TUA MIGLIORE PERFORMANCE)

QUELLO CHE HO FATTO MEGLIO NELLA PARTITA

COSA HO SBAGLIATO NELLA PARTITA

QUELLO CHE HO IMPARATO

IN CHE MODO APPLICHERO' LE NUOVE CONOSCENZE

Molte volte non impariamo dai nostri errori perché ce ne dimentichiamo. Ricorda a te stesso tutte le piccole cose che devi fare per continuare a migliorare e ottenere i tuoi obiettivi. Guarda attraverso i tuoi registri del "dopo partita" almeno una volta ogni tanto.

Legge #12

"Acquisire conoscenze"

Pallina da Tennis + Racchetta + Conoscenza = *Successo*

Non essere troppo orgoglioso per chiedere aiuto. Molti istruttori di tennis saranno lieti di aiutarti se glielo chiederai. Tieni a mente che alcuni sono più specializzati in determinati settori rispetto ad altri. Sapere cosa desideri migliorare o imparare li aiuterà. Potrai risparmiare un sacco di tempo imparando dai loro errori, rispetto a farli tu e dover imparare da questi. Le informazioni su tutti gli argomenti, è disponibile nei libri di tennis, riviste, video e su Internet.

Quanto più conoscenza hai, più creativo potrai essere nel tuo gioco del tennis. Riuscirai a prendere decisioni migliori quando avrai a disposizione più informazioni che ti aiuteranno a decidere.

Legge #13

"Conosci le tue regole"

E 'molto utile sapere quali sono le regole del tennis. Alcune persone non si rendono conto di quanti vantaggi si possono ottenere avendo informazioni su:

Dimensioni del campo

Regole del singolo

Regole del doppio

Regole del doppio misto

Racchette

Palline

Il servizio

Ordine di servizio

Allenamento

Regole dei tennis sulla sedia a rotelle

LO SAPEVI?

Lo sapevi che la rete è più bassa al centro del campo? E lo sapevi che quando si fa gioco incrociato, in realtà si sta colpendo un colpo ad alta percentuale di riuscita (un colpo che avrà una possibilità più ampia di portare un punto se segui la linea), in quanto la distanza del tiro incrociato è maggiore della distanza lungo la linea? Come puoi vedere, le regole del tennis possono essere molto utili quando si vuole giocare in modo saggio ed efficiente.

APPLICAZIONE

Ottieni una copia del libro delle regole del tennis della tua associazione e guarda oltre per vedere quante cose nuove hai imparato da essa. Guarda la sezione che parla della quantità di tempo che hai tra punti, giochi, set e partite. Fai tesoro di questa conoscenza. Fai pratica sulle tempistiche che hai a disposizione tra un punto e l'altro ed abituati considerando il tempo che avrai a disposizione durante la partita. Allenati anche a giocare i punti e dare a te stesso non più di 30 secondi di riposo. Lavora sul condizionamento fisico. Questo ti aiuterà a tenere il passo con il ritmo che desideri mantenere in una partita.

Legge #14

"Costruisci la tua scacchiera"

Il tennis è come una scacchiera; devi mettere tutti i pezzi nei posti giusti. Quando ti posizioni nel posto giusto al momento giusto, ti ritrovi ad eseguire il colpo ideale. Le cose non succedono per caso, devi farle accadere. Sii pronto ad improvvisare.

APPLICAZIONE

In primo luogo, lavora sui tuoi colpi basici. Dopodiché mescola scatti e corse diversi nelle varie situazioni. Questo ti aiuterà a costruire il tuo piano di gioco per ogni partita.

Esercizio #1

Alterna colpendo topspin e backspin (slice) con il tuo diritto. Cerca di non ripetere sempre lo stesso effetto due volte. Solo il tuo partner potrà colpire con lo stesso tipo di movimento. Quando ti sei allenato per bene con il diritto, passa al rovescio. Alterna le rotazioni ed il tuo partner colpirà con lo stesso effetto. Dopodiché scambiati con il tuo avversario.

Esercizio #2

Un giocatore colpisce un tiro incrociato mentre l'altro giocatore colpisce la linea (retta). Questi colpi creano un modello a forma di otto (8). Quando hai finito l'allenamento, scambiati i colpi con il tuo partner.

Legge #15

"Trova lo schema"

Molti giocatori sono soliti giocare a tennis in un modo spesso prevedibile. Imparano a colpire la palla in un certo modo più e più volte. Hanno anche imparato ad eseguire certi colpi in punti specifici come match point o set point. Se si impara quale sia il loro schema di gioco è più facile prevedere cosa faranno. Quando si impara a decifrare il modello di una persona non sarà più in grado di stupirti. Il loro gioco sarà vulnerabile, una volta che avrai capito dove sta andando la palla e che cosa fare per approfittare di questa situazione.

Non hai bisogno di essere un matematico per imparare a scovare uno schema di gioco. Guarda alcune partite di tennis da vicino o in TV. Cerca i differenti schemi giocati in ogni punto, game, set o in altri punti dell'incontro.

Legge #16

"Scacco matto al Re"

Negli scacchi, ci si trova spesso nella situazione in cui è necessario utilizzare le pedine più deboli per vincere. Nel tennis questo accade spesso. E' molto difficile svegliarsi tutti i giorni e giocare al meglio. Una volta ogni tanto, giocare una partita non proprio al top delle potenzialità, servirà per far uscire il campione che c'è in te. Vincere nel momento in cui stai giocando male eseguendo un livello basso di gioco può essere come una sfida, cercando di isolarti dal resto. Sii vittorioso nella migliore e peggiore delle situazioni.

APPLICAZIONE

Gioca una partita dove il tuo partner di allenamento attacca la tua debolezza con la sua arma migliore. Fallo per non più di 45 minuti, e poi passa. Dopo che entrambi di voi hanno completato almeno due set, gioca alcuni punti per far pratica dove potrai colpire ovunque, e sarai felice di scoprire come riuscirai ad eseguire ottimi colpi dal tuo lato più debole.

Gioca una partita seria con qualcuno che non sia il tuo partner con il quale ti alleni. Confronta le tue prestazioni con quelle di incontri passati dove le tue debolezze sono state causa della sconfitta. Puoi verificare le hai raggiunto un livello superiore di confidenza riguardo il tuo lato debole rispetto al passato. Questo ti verrà in aiuto per vincere le partite quando non stai giocando al meglio. Queste sono altre tecniche che possono essere utilizzate in diverse circostanze, ma sicuramente sono un buon punto di partenza.

Legge #17

"Costruisci una base"

Nella vita, possiamo avere più di un piano per raggiungere lo stesso obiettivo. Abbiamo un piano A e se non dovesse funzionare, utilizzeremo il piano B. Nel momento in cui anche il piano B non dovesse funzionare, utilizzeremo il piano C. Questo viene chiamato "avere una strategia di base". Nel tennis potresti aver bisogno di modificare il tuo gioco molte volte nel corso di un'unica partita. Si rende quindi necessario avere una strategia di base, oopure una strategia, che pensi sia la migliore rispetto all'avversario che hai difronte. Pensa ad una strategia di base, e quando l'hai visualizzata, pensa a strategie alternative che potresti utilizzare se la prima andasse male.

Ovviamente, avrai un piano A che rappresenta la tua migliore strategia di gioco, con la quale ti senti di più a tuo agio. Fatto questo, hai bisogno di costruirti un piano B. Se il tuo piano A. Now you need to decide what is going to be your plan B. Se l Ituo piano A si basa su martellare il tuo avversario dalla linea di fondo, il tuo piano B potrebbe essere quello di attaccare in rete. In questo modo acceleri il ritmo del gioco. Infine, il piano C potrebbe essere semplicemente di mantenere la palla in gioco ed aspettare un errore da parte del tuo avversario. Così rallenterai il ritmo della partita.

Se qualcosa non funziona, prova a passare dal piano A al piano B. Se il piano B non è la soluzione, prova a pianificare il piano C. Devi avere sempre almeno tre strategie alternative sulle quali ripiegare, ma prima costruisciti una base. La tua base è il piano con cui si inizia ogni partita. Di solito è quello che ti ha dato i migliori risultati in passato e con il quale ti senti di più a tuo agio.

Legge #18

"Non essere banale"

Il modo più logico per vincere è attraverso l'uso della tua arma. Ma quando si utilizza un'arma troppo spesso il tuo avversario si abitua ad essa. Questo diventa pericoloso per te. E' bene non essere troppo prevedibili agli occhi degli avversari. Usa la tua arma, per quanto possibile, ma utilizza anche altri colpi per essere fuori controllo. Non lasciare che si abituino a vedere lo stesso schema o la stessa corsa troppo spesso. Non essere banale. Diventa imprevedibile.

APPLICAZIONE

Un buon modo per imparare o migliorare il modo in cui si mixano i tuoi colpi è di essere specifico nel tuo allenamento. Gioca alcuni punti con il tuo partner dove nessuno dei due sarà autorizzato ad eseguire lo steso colpo due volte. In un primo momento, fallo senza servire. Basta avviare il punto con un lancio subdolo.

Un esempio di questo esercizio potrebbe essere:

Colpisci un diritto:

con topspin

con slice

piatto

Profondo lungo il campo con topspin

Corto sul campo con topspin

Profondo lungo il campo con slice

Corto sul campo con slice

Colpisci un rovescio:

con topspin

con slice

piatto

Profondo lungo il campo con topspin

Corto sul campo con topspin

Profondo lungo il campo con slice

Corto sul campo con slice

NOTA: I colpi possono essere ripetuti fino a quando si alternano con un altro colpo. Puoi rendere le cose semplici, a tuo piacimento. Quando sarai abile potrai aggiungere molti colpi diversi, a piacere. E' meglio iniziare a mixare due o tre colpi diversi e aggiungere gradualmente qualcun altro con il tempo.

Legge #19

"La mente al di sopra di tutto"

Il tennis inizia come gioco fisico, ma poi trascende in un gioco mentale. Le cose che il nostro corpo fisico non può fare, la nostra mente può eseguire molte volte. Il potere della mente è inimmaginabile. Emozioni e pensieri diventano estremamente importanti quando siamo nervosi o a disagio durante la partita. Il nostro corpo potrà farà cose che a volte ci sorprenderanno. "Perché non alzo il braccio un po' più alto per lanciare la palla oltre la rete?" Quello che dobbiamo ricordare è che la nostra mente controlla il nostro corpo ed è solo comprendendolo che la nostra mente ci verrà in aiuto. Esercitati per controllare le tue emozioni. Esse possono diventare grandi alleate nei momenti di bisogno. La concentrazione è fondamentale in partita. E' una grande abilità che può essere appresa con una certa pratica. E' una delle cose più difficili da manovrare, ma davvero molto preziosa.

Legge #20

"Regala solo per I compleanni"

La maggior parte di noi sa quanto sia importante non regalare i punti in una partita e soprattutto quando si tratta di un match conclusivo. Spesso diamo via alcuni punti che alla lunga sono controproducenti. Bisogna ridurre al minimo i punti regalati o gli errori involontari quando si compete. I regali si fanno solo per i compleanni.

APPLICAZIONE

Un ottimo modo per ridurre al minimo i punti regalati è quello di migliorare la tua coerenza. La prossima volta andrai ad allenarti sul campo da tennis dopo esserti riscaldato, prendere solo una palla tienila in gioco con il tuo partner il più a lungo possibile. TI devi abituare a tenere la palla in gioco fin dal primo punto. Quando ti alleni in questo modo, conta quante volte prendi la palla senza perderla. Quando hai perso quella prima palla dopo averla mantenuta in gioco per un po' scegli un lato specifico, colpisci e dalle l'effetto che vuoi per fare lo stesso tipo di esercizio. Per esempio: colpisci un diritto incrociato con topspin. Prova a tenere la palla in gioco il più a lungo possibile, senza perderla e poi segnati quante volte la palla è rimasta in campo. Fai questo esercizio sia per il tuo diritto che per il rovescio e confrontalo con il tuo prossimo allenamento. Dovresti farlo almeno per questi colpi: diritto incrociato, rovescio incrociato, diritto rovescio lungo la linea e rovescio diritto lungo la linea.

Legge #21

"Cuor di leone"

Le partite di tennis ed i tornei si vincono in molti modi. Alcuni si vincono perché si è molto abili. Altri si vincono per le condizioni fisiche migliori rispetto ad altri. Il modo specificato in questa Legge è probabilmente il più importante da considerare: il cuore. Esso ha il potere di portare il nostro livello di tennis ad un perfetto dieci. Ti può far diventare il più temuto tra i concorrenti. E cosa più importante di tutte, ti farà diventare vittorioso.

Legge #22

"Scegli la tua arma"

Quando stai iniziando ad aumentare il tuo livello nel tennis, sentirai maggiore controllo. Questo controllo segna l'inizio della tua specializzazione. Ognuno di noi ha qualcosa che riesce a fare meglio di altre. Questo è ciò che ti permette di controllare il punto attraverso una o più qualità: potenza, posizionamento, rotazione, e coerenza. Questo è definito la tua "arma". Più saprai aumentare la potenza della tua arma, più diventerai pericoloso. Alcuni giocatori hanno un servizio imprevedibile. Altri vantano potentissimi diritti o rovesci. Molti vincono grazie alla velocità e alla forma fisica. Trova la tua arma, e quando lo fai, accresci il suo potenziale creando una nuova mossa vincente. In questo modo avrai due armi e diventerai una doppia minaccia per gli altri.

Legge #23

"La perfezione attraverso l'imitazione"

Alcuni dei più grandi artisti di tutti i tempi hanno cominciato imitando i loro pittori preferiti, per poi formare il proprio stile e forma d'arte. Creare il proprio stile di gioco è una cosa meravigliosa da fare, ma questo potrebbe richiedere del tempo. Il tennis può essere imitato e poi perfezionato. Cerca uno specifico tennista professionista che ha lo stile di gioco che ti piace. Poi leggi su di lui / lei. Guarda le partite in TV. Cerca di imitare ogni suo dettaglio, fino a padroneggiare il suo stile di gioco. Quando lo fai, cerca di farlo diventare tuo, aggiustandolo fino a quando ti sentirai a tuo agio. Ricorda, non diventare una copia di un altro giocatore di tennis, basta prendere quello che sa fare bene e farlo ancora meglio.

Legge #24

"Il quadrifoglio"

Quadrifogli, un piede di coniglio fortunato, ferri di cavallo, sono tutte forme di portafortuna che ci possono confortare. La fortuna è importante nel tennis? Sì. Perché? Beh, perché ci sono cose che non possiamo controllare, non importa quello che facciamo. Possiamo lasciare che la fortuna sia il fattore decisivo per il risultato della nostra partita? No. Dobbiamo migliorare le nostre possibilità di fare le cose giuste come: prepariamoci correttamente per una partita, analizziamo gli avversari, utilizziamo strategie adeguate, rimaniamo positivi e concentrati. Queste sono solo alcune tecniche, ma è un inizio. La fortuna viene a coloro che la cercano. Non aspettare il momento giusto o la partita giusta per utilizzare il tuo vero potenziale. Fallo adesso. Inizia con il primo punto e continua fino alla fine della partita. Tu saprai se le partite o i punti sono il risultato della fortuna. Questi punti non arrivano senza un po' di duro lavoro.

APPLICAZIONE:

Fai la tua fortuna e vedrai i risultati. Il modo migliore per accrescere la tua fortuna è attraverso la definizione degli obiettivi. Scegli obiettivi che possano essere misurati. In questo modo potrai vedere il tuo miglioramento e decidere se devi apportare delle modifiche ai tuoi obiettivi. Una volta che avrai deciso gli obiettivi scegli il modo per raggiungerli ed appuntatelo. Stabilisci inoltre delle mete quotidiane che ti aiuteranno a raggiungere quella principale.

Segnati in una tabellina i tuoi obiettivi quotidiani e portatela ovunque tu vada. In ogni momento potrai chiedere a te stesso: "Mi sto avvicinando alla meta?" Se non ci sei ancora, fermati. Se invece ci sei quasi, sei sulla strada del successo.

Ecco un semplice esempio:

Il tuo obiettivo potrebbe essere: "migliorare la mia percentuale del primo servizio del 20%."

Ora decidi che cosa devi fare per ottenerlo:

Avere un esperto che può dare un'occhiata al mio servizio.

Allenati per "X" servizi a settimana.

Aggiungere rotazione alla palla.

Migliorare l'accelerazione.

Aumentare la forza delle gambe.

Usare gli strumenti durante l'allenamento (coni, palline, ecc)

Ora, trasforma queste idee in obiettivi quotidiani e annotali su una scheda in modo da poter controllarli molte volte al giorno.

Legge #25

"Umorismo ai coraggiosi"

Quando si è alle strette e le cose non stanno andando nel modo in cui si desidera, si tende ad essere irritabili, negativi e distratti. Come fanno alcuni giocatori ad utilizzare questi momenti per farsi più forti? La maggior parte degli errori di distrazione che si fanno nei punti importanti si verificano a causa della pressione che si sente. Un ottimo modo per sbarazzarsi di quella pressione è attraverso l'umorismo. Ogni volta che commetti un errore, ridici sopra sciocamente. Non puoi immaginare come ti sentirai rilassato e come questo può influenzare positivamente il tuo gioco. Quando sei di buon umore, la maggior parte delle cose tendono ad andare nel modo che desideri. Sì, hai ancora voglia di vincere e senti ancora la pressione, ma sorridendo o ridendo di questi errori potrai essere ancora competitivo. Quando si è competitivi si lotta fino alla fine e tutti lo possono sentire. Non prendere la via più facile urlando e gettando la racchetta. Godrai di più nel tennis se riderai nei momenti brutti e continuando anche in quelli belli.

Legge #26

"Vai dov'è la festa"

Quando senti che l'allenamento con i tuoi amici di tennis o di una certa struttura di formazione non è più abbastanza per te. Se non stai migliorando il tuo livello di gioco nel modo in cui vorresti o semplicemente desideri iniziare a competere su base regolare, vai dove c'è la festa. In altre parole, vai dove potrai allenarti nel modo in cui desideri o dove potrai competere con chi ti piace di più. Se continuerai a fare sempre le stesse cose, otterrai gli stessi risultati. Tocca a te. Cosa vuoi fare del tuo tennis? Vai dove devi essere.

Legge #27

"Piccoli passi da gigante"

I veri campioni sanno che ci vuole tempo per diventare davvero bravi. Tutto inizia con quei pochi passi e prosegue con ulteriori piccoli passi, non salti. Tutto ciò che fai ti sembrerà di ottenerlo con poco sforzo se ti prenderai i tuoi tempi. Prima si impara a guidare a 10 mph. Poi si impara ad andare un po 'più veloce, a circa 25 mph. Più tardi si va a 50 miglia all'ora. Finalmente dopo piccoli passi successivi, si arriva a 100 miglia all'ora. La stessa cosa vale nel tennis. Non frustarti se ottieni lenti miglioramenti fintanto che sono graduali. Questi piccoli miglioramenti sono il seme per la crescita futura. Vuoi diventare un gigante del tennis? Fai piccoli passi verso il successo.

Legge #28

"Il secondo servizio: puoi eseguirlo bene"

Il secondo servizio può migliorarti o spezzarti come giocatore di tennis. Un buon secondo servizio ti porterà ad alcuni punti facili o almeno ti metterà in una buona posizione per iniziare il punto. Un brutto secondo servizio spesso ti causerà un doppio fallo e permetterà al tuo avversario di controllare il proprio punto fin dall'inizio. Pratica questi esercizi utili per aumentare la percentuale del tuo secondo servizio.

Legge #29

"No marmellata, solo pane e burro"

Imparare ad avere sequenze e colpi chiave da utilizzare in situazioni critiche. In situazioni di pressione la nostra mente e il corpo cercano di lavorare assieme, ma a volte non è possibile farlo. Quando la nostra mente deve prendere decisioni importanti in brevi periodi di tempo non può sempre prendere le decisioni giuste. E' fondamentale nel tennis prendere decisioni accurate e precise, anche se abbiamo brevi quantità di tempo. Un modo meraviglioso per aiutare la nostra mente a prendere decisioni in brevi intervalli di tempo è la predeterminazione di ciò che facciamo quando siamo in una situazione di pressione.

Un esempio di un colpo predeterminato potrebbe essere quando hai bisogno di un colpo specifico, devi colpire un colpo di approccio e correre in rete. Sempre che che in rete è dove ti senti più comodo e potresti esercitare la maggior quantità di pressione. Un altro esempio di un colpo predeterminato potrebbe quando apri il campo con un colpo lungo per finire il punto colpendo a campo aperto. Ci sono molte strategie disponibili. La cosa più importante da fare è sapere in anticipo ciò che faremo quando abbiamo bisogno di essere performanti, o di quali colpi necessitiamo in una situazione specifica. In questo modo la nostra mente può liberamente fare il suo lavoro e non dovrà analizzare null'altro.

Legge #30

"Metti le ruote"

Delle gambe veloci, flessibili e potenti sono fondamentali nel tennis. Ti sorreggono e ti aiutano a prepararti per il colpo. Hai mai notato che nel tennis devi correre molto? Cosa accadrebbe se dovessi andare due volte più veloce? La palla potrebbe arrivare due volte più veloce? La potenza dei tuoi colpi arriva dalle gambe. E' la tua base, dove il tiro inizia e finisce.

Legge #31

"Vedere il futuro"

Impara ad anticipare il gioco, lo schema ed i tempi del tuo avversario. Prova a prevederle, prima che le cose accadano Cerca i segni. Alcune persone pensano che si debba essere velocissimi sul campo, senza capire che la velocità può essere migliorata rafforzando la capacità di anticipare le mosse.

Legge #32

"Sii il primo e l'ultimo"

Devi essere il primo a entrare in campo e l'ultimo ad andarsene. Se vuoi essere migliore degli altri, allenarsi un po' di più rispetto ai giocatori comuni. Durante il gioco, arriva presto e preparati prima di competere e quando la partita è finita, spendi un po' del tuo tempo sul campo per riflettere su come sia andato il match o il tuo allenamento.

Legge #33

"Sii te stesso"

La maggior parte di voi saprà come effettivamente gioca. Si sentono tutti i tipi di commenti su come si gioca e, probabilmente, hanno una vaga percezione di ciò che si deve guardare come sul campo, ma in realtà non vedi te stesso. L'unico modo per sapere come giochi è rivederti. Lo puoi fare se hai qualcuno che ti filma durante la partita, per poi giocare per mostrare il vero "te stesso". Un telefono cellulare o una videocamera farà il lavoro. Se non ne hai uno, prendine uno in prestito. Molte verità diventano evidenti quando ti rivedi. Non puoi immaginare quale impatto questo può avere sulla tua vita di tennis. Cambierà il modo di vedere te stesso per sempre. Cerca qualcuno che ti filmi da diverse angolazioni e distanze, in modo che tu possa avere una prospettiva migliore. Rivediti!

ALTRI TITOLI DI JOSEPH CORREA

Programma di allenamento per un grande servizio nel Tennis

Questo DVD vi insegnerà come servire 10-20 mph più velocemente in un programma di tre mesi, giorno per giorno. Il miglior programma di allenamento per servizi presente sul mercato. Il video include un programma di formazione grafico da 3 mesi e un manuale passo passo. Il DVD mostra come fare gli esercizi correttamente le modalità con le quali si dovrebbero eseguire per avere successo con il programma. Joseph Correa è un giocatore di tennis professionista e allenatore che ha gareggiato e insegnato in tutto il mondo in tornei ATP e ITF per molti anni. Oltre ad essere un giocatore di tennis professionista, ha una certificazione USPTR di coaching professionale ed una certificazione ITF di coaching per bambini.

Il lavoro dei piedi ed Il Cardio nel Tennis di Joseph Correa

Joseph Correa è un giocatore di tennis professionista e allenatore che ha gareggiato e insegnato in tutto il mondo in tornei ATP e ITF per molti anni. Oltre ad essere un giocatore di tennis professionista, ha una certificazione USPTR di coaching professionale ed una certificazione ITF di coaching per bambini.

Per essere più in forma e migliorare la tua mobilità dentro e fuori dal campo da tennis. Un buon lavoro del piede ti migliorerà drasticamente sia rafforzando il tuo cuore sia la parte superiore del corpo. Vedere questo video vale sicuramente la pena per un giocatore di tennis serio, non importa quale sia il tuo livello. Diventerai più veloce, più forte e più agile, e in campo noterai un aumento di accelerazione nel servizio e nelle palle ribattute. Creato da un giocatore di tennis professionista per gli altri per progredire nel loro gioco e vincere più partite.

Lo Yoga nel Tennis di Joseph Correa

Yoga Tennis di Joseph Correa è un ottimo modo per aumentare la tua flessibilità e agilità nel campo. Raggiungi più palle e con un minor numero di infortuni. E 'un ottimo modo per vincere di più, lavorando su una parte diversa del tuo gioco. Il DVD dura circa 30 minuti. Utilizzato da tennisti dilettanti e professionisti per migliorare il loro gioco e durare più a lungo nelle partite. Questo è il modo migliore per un giocatore di tennis a diventare più flessibile e sbarazzarsi di comuni mal di schiena, ginocchio, spalla, tendine del ginocchio, polpaccio, e lesioni al quadricipite. Sarai entusiasta di iniziare! Questa è una versione migliorata del nostro MBS Yoga Tennis 2012.

Addominali nel Tennis di Joseph Correa

Fare esercizi addominali nel Tennis è un grande metodo per migliorare il tuo stato fisico per avere servizi più potenti, diritti e rovesci così come potenti volée. Gli addominali sono la chiave per un gioco migliore. Questo DVD lavora su molti tipi di esercizi di piegamenti, su e giù, e addominali laterali e posteriori che potrai trovare in altri video di addominali. Prendi confidenza quando ti cambi la maglietta durante la partita e colpisci la palla più duramente!

www.ingramcontent.com/pod-product-compliance
Lightning Source LLC
Chambersburg PA
CBHW052124070526
44586CB00016B/2078